Devocionário e
novena a
Nossa Senhora
de Fátima

Devocionário e novena a Nossa Senhora de Fátima

Edições Loyola

Imprima-se
Santos, 22/8/98
[illegible], Bispo dioc.

Preparação: Fernanda Mizioka
Diagramação: So Wai Tam
Revisão: Ivone Andrade

Edições Loyola Jesuítas
Rua 1822, 341 – Ipiranga
04216-000 São Paulo, SP
T 55 11 3385 8500/8501 • 2063 4275
editorial@loyola.com.br
vendas@loyola.com.br
www.loyola.com.br

ISBN 978-85-15-02628-9

5ª edição: 2016

103771

Sumário

Como realizar a novena

Antes de começar a novena, devemos conscientizar-nos bem e determinar qual graça desejamos conseguir de Deus, pela intercessão de Nossa Senhora de Fátima.

Devemos despertar e fortalecer nossa fé e nossa certeza de recebê-la depois de fazer tudo o que prove nossa disposição de realizar a Vontade de Deus.

Devemos reservar um tempo favorável e adequado, quando tivermos acabado nossos deveres com a família e não tivermos outros novos compromissos para esse período.

O período mais propício seria o da tarde, sempre na mesma hora, para evitar em nossa vida tão agitada e cheia de surpresas o perigo de esquecimento.

Cada dia desta novena contém uma breve reflexão bíblica, alguns pensamentos tirados da Mensagem de Nossa Senhora de Fátima, uma oração individual ou comunitária, um Pai-Nosso, uma Ave-Maria e um Glória ao

Pai, terminando-se com promessa e sacrifício a favor dos pobres, como obra de caridade e sinal de nossa misericórdia, precisamente para merecermos também a misericórdia, de acordo com as palavras de Jesus Cristo:

"FELIZES OS MISERICORDIOSOS, PORQUE ALCANÇARÃO MISERICÓRDIA."

As pessoas com mais tempo livre podem rezar o terço, recomendado por Nossa Senhora, com esta oração:

Ó JESUS, PERDOAI-NOS, LIVRAI-NOS DO FOGO DO INFERNO, LEVAI AS ALMAS TODAS PARA O CÉU E SOCORREI PRINCIPALMENTE AS QUE MAIS PRECISAREM.

Podemos encerrar a novena com um canto a Nossa Senhora.

Pelas graças de que precisamos em toda a nossa vida, devemos estar dispostos a agradecer também em toda a nossa vida.

Quem julga que basta rezar somente por nove dias e depois esquecer as promessas não merece a graça que pretende receber, porque se assemelha a um atrevido negociante que, comprando uma coisa de grande valor, por preço mínimo, pretende vendê-la por preço muito elevado.

Novena - Nova vida

COSTUMAMOS CHAMAR NOVENA AS ORAÇÕES FEITAS DURANTE NOVE DIAS.

NO ESPAÇO DE NOVE DIAS, MUITAS PESSOAS MUDARAM POR COMPLETO TODA A SUA VIDA, REZANDO COM FÉ AS ORAÇÕES, MEDITANDO CERTAS VERDADES, REFLETINDO SOBRE SEU COMPORTAMENTO E TOMANDO CORAJOSAMENTE DETERMINADOS PROPÓSITOS.

Fortalecidas pela Graça de Deus, foram capazes de dizer:

"NÓS QUEREMOS, NA LUZ DA
VERDADE,
O CAMINHO DO BEM PERCORRER,
NO PROTESTO DE FIDELIDADE,
VIDA NOVA COM CRISTO VIVER".

Se isso aconteceria também com você, poderá dizer que fez uma BOA NOVENA, "MILAGROSA", IRRESISTÍVEL.

Tudo, evidentemente, depende da Graça de Deus Misericordioso, da fé que você manifestou durante esses nove dias e de sua perseverança. Jesus Cristo disse: "CORAGEM, TUA FÉ TE SALVOU".

Nesta novena a Nossa Senhora de Fátima, você sentirá a presença de Jesus Misericordioso e de Sua Mãe, Maria, que, na Mensagem especial, lhe oferece a grande oportunidade de começar VIDA NOVA COM CRISTO. Uma vez que a Graça de Deus Misericordioso sempre nos faz vencedores, esta novena nos oferece todas as graças de que necessitamos.

"Jesus Cristo Salvador, que experimentastes a morte em vossa carne, mas voltastes a vida pelo Espírito, fazei-nos morrer para o pecado e viver a VIDA NOVA do Vosso Espírito Santo. Amém."

A verdadeira oração

Por seu exemplo e suas instruções, Jesus ensinou aos discípulos o dever da oração e a maneira de fazê-la. A oração deve ser humilde diante de Deus (Lc 18,10-14) e diante dos homens (Mt 6,7), confiante na bondade do Pai (Mt 6,8) e insistente até a importunidade (Lc 11,5-8).

Ela será ouvida, se for feita com fé (Mt 21,22) em nome de Jesus (Mt 18,19-20) e se pedirmos coisas boas, tais como Dons e Frutos do Espírito Santo, preservação do pecado e sobretudo a vinda do Reino de Deus. Podemos pedir também coisas materiais e saúde, deixando a Deus decidir, quando e como podemos recebê-las, porque Ele sabe melhor o que precisamos. "Pois o vosso Pai – disse Jesus – sabe do que tendes necessidade antes de lho pedirdes" (Mt 6,8).

A fórmula de rezar que diz: "EM NOME DE JESUS, EU NÃO ACEITO ESTE MAL,

ESTA DOENÇA; AGORA MESMO VAI E NÃO VOLTES MAIS" parece inconveniente, atrevida e até blasfema, porque nos colocamos no lugar de Jesus e mandamos o que Ele deve fazer, sem deixar a Ele a decisão definitiva. Devemos rezar: "PAI NOSSO, SEJA FEITA A VOSSA VONTADE". Lembremo-nos das palavras do Salmo 118,66.

Rezando como Jesus nos ensinou, não perderemos a fé. Mesmo que nunca recebamos a graça que pedimos, digamos:

"Quero louvar, ó Senhor, Vosso nome, quero cantar Vosso nome, que é bom!" (Sl 53,8).

Bons cristãos têm o cuidado especial de evitar o erro infantil de manifestar exageradamente sua credulidade e usar certas fórmulas de orações MILAGROSAS, IRRESISTÍVEIS, EFICACÍSSIMAS, que não têm aprovação da Igreja, nem bom senso.

Em nossa fé e nossa piedade cristã, busquemos a verdade de Jesus razoavelmente apoiados na Bíblia e nos dogmas da fé, evitando sentimentalismos exagerados.

Breve história da aparição de Nossa Senhora em Fátima, em 13 de maio de 1917

Um dos fatos mais marcantes da vida religiosa do século passado foi a aparição de Nossa Senhora em Fátima.

A Virgem Maria apareceu em uma pequena aldeia de Portugal, chamada FÁTIMA. Era domingo, 13 de maio de 1917. Como de costume, Lúcia, Francisco e Jacinta, crianças inocentes e pobres, mas já iniciadas na fé e na devoção a Nossa Senhora, levavam as ovelhas da família para pastar.

Naquele domingo, ao meio-dia, num céu sem nuvens, as crianças foram assustadas por relâmpagos e depois notaram uma forte luz. Sobre uma arvorezinha de azinheira apareceu uma Senhora mais brilhante que o Sol, com vestido branco, mãos postas ao peito, de onde pendia um rosário.

A Senhora estava levemente velada de tristeza. Ela disse:

"NÃO TENHAIS MEDO, NÃO QUERO FAZER-VOS MAL ALGUM".

Lúcia, a maior das videntes, de 10 anos de idade, atreveu-se a fazer umas perguntas: quem ela era e o que queria?

A Mensagem de Nossa Senhora se completaria progressivamente nas aparições posteriores, no dia 13 de cada mês, até outubro.

Essa Mensagem pode ser resumida nas seguintes palavras:

1) Maria sentia-se preocupada com o crescer do mal, dos pecados da sociedade, sobretudo da imoralidade e da indiferença religiosa, que levavam tantos pecadores ao inferno e eram as causas de tantos males sociais, inclusive guerras e perseguições.

2) Maria pediu nossa colaboração para a paz do mundo, pois naquela época ocorria a Primeira Guerra Mundial, bem como para a conversão dos pecadores.

3) Maria exigiu de nós a conversão autêntica de nossa vida a Cristo; sugeriu a oração

fervorosa como poderoso meio de obter o perdão de Deus e recomendou, sobretudo, a reza do terço todos os dias, em família. Nossa Senhora sugeriu também a jaculatória que poderia ser rezada nos mistérios do terço:

Ó Jesus, perdoai-nos, livrai-nos do fogo do inferno, levai as almas todas para o Céu e socorrei principalmente as que mais precisarem.

4) Nossa Senhora exortou à penitência, à mortificação e aos sacrifícios, a fim de obter a conversão dos pecadores e a paz do mundo.

Enfim, pediu a consagração de cada um de nós e da própria sociedade ao seu Coração Imaculado, aconselhando a Comunhão Reparadora em todos os primeiros sábados do mês.

As aparições de Nossa Senhora em Fátima, após exame diligente e rigoroso dos fatos, tiveram o recolhimento oficial da Igreja.

Os Papas Paulo VI e João Paulo II afiançaram a Mensagem de Nossa Senhora com a própria visita solene a Fátima: o Papa

Paulo VI, em 1967, por ocasião do Jubileu de Ouro das Aparições, e o Papa João Paulo II, em maio de 1982, 40 anos depois da consagração do mundo ao Coração Imaculado de Maria, feita pelo Papa Pio XII.

Oração a Nossa Senhora de Fátima

(para todos os dias da novena)

Ó Maria Santíssima, nossa Mãe bondosa e nossa esperança, aparecida em Fátima, nós vos invocamos, porque sois refúgio dos pecadores; olhai, cheia de compaixão, para nós, que ameaçados por tantos perigos e tantas dificuldades, precisamos de seu auxílio e de sua proteção.

Não nos deixeis cair em desespero e em tentações, mas livrai-nos do mal.

Conformados sempre com a Vontade de Deus, nós vos pedimos que, por vossa intercessão, consigamos as graças de que precisamos e prometemos sempre nos servirmos delas de acordo com a Vontade de Deus, para maior glória de Deus e para o bem das almas mais necessitadas.

Sabemos bem, pelas palavras do Vosso Filho, Jesus Cristo, que o Nosso Pai do Céu conhece todas as nossas necessidades antes de pedirmos por elas. Portanto, debaixo de Vossa proteção, refugiando-nos a Vós, Santa Mãe de Deus, rogai por nós. Jesus Misericordioso, nós confiamos em Vós.

Glória ao Pai, ao Filho e ao Espírito Santo, como era no princípio, agora e para sempre. Amém.

Novena a Nossa Senhora de Fátima

PRIMEIRO DIA

Intenção: Neste primeiro dia da novena, peçamos a Nossa Senhora, aparecida em Fátima, a graça de fortalecer em nós a CARIDADE, acompanhada pela ALEGRIA e pela PAZ, que são também os frutos do Espírito Santo, e, assim, sermos mais disponíveis para receber todas as graças de que precisamos.

"SENHOR, NOSSO DEUS, TU ÉS DIGNO DE RECEBER A GLÓRIA, A HONRA E O PODER" (Ap 4,11).

GLÓRIA AO PAI, AO FILHO E AO ESPÍRITO SANTO. AMÉM.

Nós vos bendizemos e louvamos, ó Mãe bendita de Deus, pela glória da Vossa IMACULADA CONCEIÇÃO.

Livrai-nos de todo o pecado e guardai nosso coração cheio de caridade, alegria e paz. AVE, MARIA…

Breve reflexão: Nós sabemos que, onde quer que a Santíssima Virgem seja objeto de sincera e ardente piedade, jamais pode faltar a esperança da salvação.

Eis a forma em que Nossa Senhora age nas aparições em Fátima: desperta em nossos corações a esperança da salvação e oferece o auxílio poderoso em todas as necessidades. Se Maria Santíssima interpõe seu valioso Patrocínio, as portas do inferno não podem prevalecer.

Nessas horas, é preciso rogar a Ela. SALVE, RAINHA, MÃE DE MISERICÓRDIA, VIDA, DOÇURA, ESPERANÇA NOSSA, SALVE.

Aprofundamento bíblico: NA BÍBLIA, MANDA-NOS DEUS EXPERIMENTAR COMO ELE É BOM.

Rezemos a oração que o Senhor nos ensinou: PAI NOSSO…

"O rosário é a oração mais bíblica que eu conheço" (João Mohana).

Realmente, é assim mesmo, porque no rosário rezamos e meditamos os maiores mistérios de nossa fé: Vida, Paixão, Morte e Ressurreição de Nosso Senhor e Salvador, Jesus Cristo.

"Ó JESUS, PERDOAI-NOS, LIVRAI-NOS DO FOGO DO INFERNO, LEVAI AS ALMAS TODAS PARA O CÉU E SOCORREI PRINCIPALMENTE AS QUE MAIS PRECISAREM."

SEGUNDO DIA

Intenção: Neste segundo dia da novena, peçamos a Nossa Senhora, aparecida em Fátima, a graça de fortalecer em nós a PACIÊNCIA, fruto do Espírito Santo, para que estejamos dispostos a esperar com calma o dia de receber o favor particular de que precisamos e que apresentamos a Deus com humildade e fé profunda.

"POR VOSSO NOME, SALVAI-ME, SENHOR,

E DAI-ME A VOSSA JUSTIÇA.

Ó MEU DEUS, ATENDEI MINHA PRECE E ESCUTAI AS PALAVRAS QUE EU DIGO" (Sl 53,3-4).

Nós vos bendizemos e louvamos, ó Mãe bendita de Deus, por Vossa VIRGINDADE PERPÉTUA.

Conservai puro nosso coração, nosso corpo e nossa alma. AVE, MARIA...

Breve reflexão: Em casa e no trabalho, vivemos situações que exigem paciência. A falta de paciência faz com que muitos desentendimentos terminem em brigas e confusões.

A esperança e a paciência são meios eficazes para a superação das adversidades, das dores e das angústias.

Jesus nos diz que é pela perseverança que ganharemos a vida (Lc 21,19). Isso requer paciência. Roguemos à Virgem Maria, exemplo de todas as virtudes, para que suportemos e carreguemos nossas cruzes com paciência e esperança.

Aprofundamento bíblico: "Ouve, Israel, o Senhor, nosso Deus, é o único Senhor.

Amarás o Senhor teu Deus com todo o teu coração, com toda a tua alma e com todas as tuas forças.

E trarás gravadas em teu coração todas estas palavras que hoje te ordeno" (Dt 6,4-6).

JESUS, EU CONFIO EM VÓS, MEU SENHOR E MEU DEUS.

TERCEIRO DIA

Intenção: Neste terceiro dia da novena, peçamos a Nossa Senhora, aparecida em Fátima, a graça da BENIGNIDADE, fruto do Espírito Santo, que torna nosso comportamento benigno, benévolo, agradável a todos e com todos, favorecendo assim a conservar a paz e a amizade com nossos irmãos tratados injustamente e sem caridade.

QUEM AMA TUDO CONSEGUE DE DEUS E MAIS DO QUE PENSAMOS.

Nós vos bendizemos e louvamos, ó Mãe bendita de Deus, por Vossa MATERNIDADE DIVINA.

Intercedei, junto de Deus, para que sejamos filhos fiéis de Nosso Senhor Jesus Cristo e verdadeiros irmãos de todos os homens. AVE, MARIA...

Breve reflexão: Maria sempre destruiu as heresias na Igreja. São Domingos de Gusmão venceu, na Igreja de seu tempo, as terríveis heresias com o rosário.

Hoje, o demônio pretende destruir a fé pelo abuso da liberdade, das drogas e do sexo.

"Ó JESUS, PERDOAI-NOS, LIVRAI-NOS DO FOGO DO INFERNO, LEVAI AS ALMAS TODAS PARA O CÉU E SOCORREI PRINCIPALMENTE AS QUE MAIS PRECISAREM."

Aprofundamento bíblico: "Bendito seja Deus, Pai de Nosso Senhor Jesus Cristo. Em sua grande misericórdia, pela ressurreição de Jesus Cristo dentre os mortos, Ele nos fez nascer de novo, para uma esperança viva, para uma herança incorruptível, que não estraga, que não se mancha e que é reservada para vós nos céus. Graças à fé e pelo poder de Deus, vós fostes guardados para a salvação que deve manifestar-se nos últimos tempos." (1Pd 1,3-5).

"VINDE, Ó ESPÍRITO SANTO,
E MANDAI LÁ DO CÉU
OS RAIOS DA VOSSA LUZ."

QUARTO DIA

Intenção: Neste quarto dia da novena, peçamos a Nossa Senhora, aparecida em Fátima, a graça da BONDADE, fruto do Espírito Santo, que transforma nosso caráter impaciente em bom e clemente, capacitando-nos a fazer as obras de misericórdia e de caridade que tanto agradam a Deus e aos homens.

Jesus Cristo pedia na oração feita na Cruz: "PAI, PERDOA-LHES, PORQUE NÃO SABEM O QUE FAZEM" (Lc 23,34).

Nós vos bendizemos e louvamos, ó Mãe bendita de Deus, porque sois a PREDILETA DE DEUS e bendita entre todas as mulheres, ó CHEIA DE GRAÇA.

Dai-nos também todas as graças de que precisamos para nossa felicidade e nossa salvação. AVE, MARIA...

Breve reflexão: Rezando GLÓRIA AO PAI, AO FILHO E AO ESPÍRITO SANTO, confessamos publicamente nossa Fé no mistério da Santíssima Trindade e aceitamos Jesus Cristo como Filho único de Deus e o Espírito Santo como fonte de nossa santificação. Lembremo-nos também das palavras da Bíblia:

"E todos os olhos o verão, também aqueles que os traspassaram. Todas as tribos da terra baterão no peito por causa dele. Amém" (Ap 1,7).

Aprofundamento bíblico: "Em verdade ainda vos digo: se dois de vós estiverem de acordo na terra sobre qualquer coisa que queiram pedir, isto lhes será concedido por meu Pai que está nos Céus. Pois onde dois ou três estiverem reunidos em meu nome, ali estou eu no meio deles" (Mt 18,19-20).

Quem sente a presença de Deus em sua alma nada mais anela e nada mais o pode contentar plenamente.

O Papa João Paulo II julgava indispensável lembrar aos fiéis que "NÃO PERTENCE AO HOMEM O PODER DE DECIDIR O BEM E O MAL, MAS SOMENTE A DEUS". Se obedecermos a Deus, seremos capazes de pedir aquilo que Ele julga que é bom para nós.

"JESUS, NÓS CONFIAMOS EM VÓS."

QUINTO DIA

Intenção: Neste quinto dia da novena, peçamos a Nossa Senhora, aparecida em Fátima, a graça da GENEROSIDADE, fruto do Espírito Santo, que nos capacita a realizar atitudes de bondade, cujas manifestações são o gosto de dar coisas, a facilidade de perdoar e fazer gestos nobres também a favor daqueles que nem sempre os merecem.

Nós vos bendizemos e louvamos, ó Mãe bendita de Deus, porque no momento mais difícil de vossa vida soubestes dizer a Deus:

"EU SOU A SERVA DO SENHOR; FAÇA-SE EM MIM SEGUNDO A TUA PALAVRA" (Lc 1,38).

Dai-nos também que sejamos generosos em aceitar a palavra de Deus e tenhamos disponibilidade para realizar a Vontade de Deus em toda a nossa vida. AVE, MARIA...

Breve reflexão: Por causa de nossa salvação, a Virgem Maria recebeu de Deus a difícil missão de ser Mãe de Deus, concebida pela obra misteriosa do Espírito Santo, e com ela, também, a missão de ser Mãe da Igreja, Corredentora e Medianeira de todas as graças.

Deus nos trata sempre conforme tratamos os outros. Às vezes os homens sentem a Sua presença, mas em outras veem que Deus não os trata como gostariam de ser tratados.

Aprofundamento bíblico: Jesus Cristo fustigando e condenando a hipocrisia e a vaidade dos fariseus disse: "Eis que a vossa casa vos ficará abandonada, pois eu vos digo: não me vereis, desde agora até o dia em que direis: BENDITO AQUELE QUE VEM EM NOME DO SENHOR" (Mt 23,38-39).

Nossa Senhora, aparecida em Fátima, para livrar-nos do castigo de Deus, convida-nos à oração e à penitência.

Somente Ela pode nos proteger dos males que nos ameaçam. É URGENTE ESCUTAR SEU APELO SÉRIO E MATERNAL.

SOCORREI-NOS, Ó MARIA.
NOITE E DIA SEM CESSAR,
OS DOENTES E OS AFLITOS,
VINDE, VINDE CONSOLAR.

SEXTO DIA

Intenção: Neste sexto dia da novena, peçamos a Nossa Senhora, aparecida em Fátima, a graça da MANSIDÃO, fruto do Espírito Santo, que nos transforma em brandos, pacíficos e serenos, dos quais Jesus Cristo disse:

"BEM-AVENTURADOS OS MANSOS, PORQUE HERDARÃO A TERRA" (Mt 5,4).

"APRENDEI DE MIM, PORQUE SOU MANSO E HUMILDE DE CORAÇÃO E ENCONTRAREIS DESCANSO PARA AS VOSSAS ALMAS" (Mt 11,29).

Nós vos bendizemos e louvamos, ó Mãe bendita de Deus, pela vossa admirável mansidão, de modo especial, nos momentos mais difíceis de vossa vida, quando o menino Jesus se perdeu e foi encontrado no meio dos doutores, em Jerusalém, e também quando estivestes debaixo da Cruz, na hora da agonia do vosso Filho amado, Jesus. Dai-nos também ser sempre mansos e submissos na hora de nossos sofrimentos. AVE, MARIA...

Breve reflexão: Na história da humanidade, Deus, muitas vezes, foi provocado para castigar os homens pelos males morais e pelos pecados cometidos atrevidamente. Uma vez o mundo foi destruído pelas águas do Dilúvio; outra vez pelo fogo, por pragas terríveis e pelas guerras.

Contudo, os homens sempre tinham tempo suficiente para evitar esses castigos, pela oração, pelo jejum e pela penitência, como aconteceu com os habitantes da grande cidade de Nínive.

No começo de nossa caminhada, Deus nos aparece menos do que esperamos, mas, no fim de nossa vida, mais do que esperávamos.

Aprofundamento bíblico: "Renovai o vosso espírito e a vossa mentalidade. Revesti o homem novo, criado à imagem de Deus, em verdadeira justiça e santidade" (Ef 4,23-24).

A perda da fé é o maior perigo que ameaça os cristãos. Devemos pedir à Virgem Maria que afaste de nós esse perigo.

NAS ANGÚSTIAS E NOS RECEIOS,
SEDE, Ó MÃE, A NOSSA LUZ!
DAI-NOS SEMPRE FÉ E CONFIANÇA
NO AMOR DO BOM JESUS.

SÉTIMO DIA

Intenção: Neste sétimo dia da novena, peçamos a Nossa Senhora, aparecida em Fátima, a graça da FIDELIDADE, fruto do Espírito Santo, que nos ajuda a manifestar, pelas obras, nossa lealdade, nossa firmeza, nossa constância e nossa perseverança no caminho do bem e na prática de atos de misericórdia. Como Divino Fundador da religião de amor e de fidelidade, Cristo colocou a liberdade como base da vida cristã.

Nós vos bendizemos e louvamos, ó Mãe e Medianeira de todas as graças; de ti podemos aprender a praticar sempre a fidelidade e assim livrar-nos das tentações e das ciladas do demônio. AVE, MARIA...

Breve reflexão: Os caminhos da fé, da esperança e da caridade são a prova de nossa fidelidade a Jesus Cristo e a Nossa Senhora. Para perseverar nesse caminho, Irmã Lúcia, vidente de Fátima, nos lembra em sua carta:

"Que se reze o terço diariamente. A Santíssima Virgem repetia isso em todas as suas aparições, para nos prevenirmos contra as tentações diabólicas, a fim de não sermos enganados pelas falsas doutrinas. O povo é ignorante e se deixa arrastar onde o levam falsos profetas. Aí estão o grande trabalho e a responsabilidade que têm os que receberam a missão de guiar o povo de Deus".

Aprofundamento bíblico: "UM SINAL GRANDIOSO APARECEU NO CÉU: UMA MULHER VESTIDA COM O SOL, TENDO A LUA SOB OS PÉS E SOBRE A CABEÇA

UMA COROA DE DOZE ESTRELAS" (Ap 12,1).

Nessas palavras, encontramos a aparição de Nossa Senhora e sua missão providencial na obra da salvação, o triunfo de Jesus Cristo Salvador, que provocará a queda do demônio.

Para completar sua missão, Nossa Senhora apareceu em Fátima. Escutemos sua Mensagem. SALVE, RAINHA, MÃE DE MISERICÓRDIA.

OITAVO DIA

Intenção: Neste oitavo dia da novena, peçamos a Nossa Senhora de Fátima a graça da MODÉSTIA, fruto do Espírito Santo, que nos ajuda a adquirir o comportamento digno de um cristão: decência, simplicidade, pudor e recato, virtudes que nos ajudam a guardar com maior facilidade a pureza do coração, a temperança e a castidade, que pediremos também no último dia da novena.

Nós vos bendizemos e louvamos, ó Mãe bendita de Deus, porque sem essas virtudes não podemos ser cristãos autênticos, de modo especial nestes tempos de corrupção e desenfreada liberdade, que pode causar outro terrível castigo de Deus. AVE, MARIA...

Breve reflexão: Para fazer penitência e pedir perdão a Deus, nunca é tarde, mas a Virgem de Fátima admoesta que aproveitemos o tempo que temos à nossa disposição.

Ao participar desta novena a Nossa Senhora de Fátima, desejamos manifestar nossa boa vontade e nossa inteligência, porque fugir do pecado é sinal de grande inteligência e sabedoria, que pode salvar muitas almas do fogo do inferno.

"Ó JESUS, PERDOAI-NOS, LIVRAI-NOS DO FOGO DO INFERNO, LEVAI AS ALMAS TODAS PARA O CÉU E SOCORREI PRINCIPALMENTE AS QUE MAIS PRECISAREM."

Aprofundamento bíblico: "Exulto de alegria no Senhor e minha alma regozija-se em meu Deus, Ele me vestiu com as vestes da salvação, envolveu-me com o manto da justiça e adornou-me como uma noiva com suas joias" (Is 61,10).

Neste texto tomado do profeta Isaías, a Igreja aproveita para descrever a riqueza espiritual e as virtudes de Nossa Senhora, cheia de graça, porque o Senhor fez por Ela maravilhas. Para dar-nos um modelo, Deus ofereceu-nos Maria. Ela é nossa Mãe e nós devemos ser como as crianças.

MÃE DE TODOS OS HOMENS, ENSINA-NOS A DIZER: AMÉM.

NONO DIA

Intenção: Neste último dia da novena a Nossa Senhora de Fátima, peçamos dois últimos frutos do Espírito Santo: TEMPERANÇA e CASTIDADE.

Sem TEMPERANÇA é impossível guardar a CASTIDADE. TEMPERANÇA é uma qualidade ou uma virtude de quem é moderado, de quem modera apetites e paixões, controlando perfeitamente seus impulsos naturais e usando bem todos os dons que Deus nos oferece. Por isso, ouvimos dizer esta grande verdade: A CASTIDADE PROLONGA NOSSA VIDA, CONSERVA NOSSA SAÚDE E FORTALECE NOSSA INTELIGÊNCIA.

"SUAVE MAIS QUE TODAS,
Ó VIRGEM SEM IGUAL,
FAZEI-NOS MANSOS, PUROS,
GUARDAI-NOS CONTRA O MAL."

Breve reflexão: "A maternidade de Maria na economia da graça perdura sem cessar, a partir do consentimento que prestou fielmente na Anunciação, que manteve sem vacilar ao pé da cruz, até a consumação final de todos os eleitos. De fato, depois de elevada ao céu, não abandonou esta missão salvífica, mas, por sua múltipla intercessão, continua a obter-nos os dons da salvação eterna" (LG 62).

Virgem santa e imaculada, eu não sei com que louvores poderei engrandecer-Vos. AVE, MARIA...

Aprofundamento bíblico (rezemos com Nossa Senhora): "A minha alma engrandece o Senhor, e o meu espírito exulta em Deus, meu Salvador, porque olhou para a humilhação de sua serva.

Sim! Doravante as gerações todas me chamarão de bem-aventurada, pois o Todo-poderoso fez grandes coisas por mim.

O seu nome é santo, e sua misericórdia perdura de geração em geração, para aqueles que o temem. Agiu com a força de seu braço, dispersou os homens de coração orgulhoso. Depôs poderosos de seus tronos e a humildes exaltou. Cumulou de bens a famintos, e despediu ricos de mãos vazias. Socorreu Israel, seu servo, lembrando-se de sua misericórdia, conforme prometera a nossos pais, em favor de Abraão e de sua descendência, para sempre".

(Lc 1,46-55)

Oferecimento do terço

Divino Jesus, nós Vos oferecemos este terço que vamos rezar, meditando os mistérios da Vossa Redenção. Concedei-nos, por intercessão da Virgem Maria, Mãe de Deus e nossa Mãe, as virtudes que nos são necessárias para bem rezá-lo e a graça de ganharmos as indulgências desta santa devoção.

Mistérios gozosos
(segundas e sábados)

1 - Anunciação do Arcanjo São Gabriel a Nossa Senhora.

São Lucas 1,28-38

2 - Visita de Nossa Senhora a sua prima Santa Isabel.

São Lucas 1,39-56

3 - Nascimento de Jesus na pobre gruta de Belém.

São Lucas 2,6-7

4 - Apresentação do Menino Jesus no templo.

São Lucas 2,22-39

5 - Encontro de Jesus no templo, entre os doutores.

São Lucas 2,40-52

Mistérios dolorosos
(terças e sextas-feiras)

1 - Agonia de Jesus no Horto das Oliveiras.

São Lucas 22,42-44
São Mateus 26,36-46

2 - Flagelação de Jesus, amarrado a uma coluna.

São João 19,1

3 - Coroação de espinhos em Nosso Senhor.

São Mateus 27,29-30

4 - A subida dolorosa de Jesus ao Calvário.

São João 19,17

5 - Crucifixão e morte de Jesus, entre dois ladrões.

São Marcos 15,34-37

Mistérios gloriosos
(quartas-feiras e domingos)

1 - A ressurreição de Nosso Senhor Jesus Cristo.

São Mateus 28,6-7

2 - Ascenção admirável de Jesus Cristo ao céu.

São Marcos 16,19

3 - A vinda do Divino Espírito Santo.

Atos 1,8

4 - Gloriosa Assunção de Maria ao céu.

Apocalipse 12,1

5 - Coroação de Nossa Senhora como Rainha do céu e da terra.

Apocalipse 12,1

Mistérios luminosos
(quintas-feiras)

1 - O batismo de Jesus no rio Jordão.
São Mateus 3,13-17

2 - A manifestação de Cristo nas bodas de Caná.
São João 2,1-11

3 - O anúncio do Reino de Deus e o convite à conversão.
São Marcos 1,14-15; 2,2-13

4 - A transfiguração de Jesus.
São Lucas 9,28-35

5 - A última ceia e a instituição da Eucaristia.
São Mateus 26,26-29

Cruzada de oração, amor e reparação

— Ofereço-vos, Eterno Pai, os merecimentos do Preciosíssimo Sangue de Jesus, Vosso Amado Filho e meu Divino Salvador: pela santificação do clero, dos religiosos e de todo o povo de Deus.

— Jesus, que o Vosso Sangue derramado por amor de nós e de todos os homens, para a remissão dos pecados, seja para nós, em todas as Santas Missas, o Cálice da Salvação e da Vida Eterna!

— Vinde Vós mesmo, Senhor, em socorro de Vossos fiéis, que resgatastes com o Vosso Preciosíssimo Sangue. Bendito e louvado seja sempre Jesus, que nos salvou com seu Preciosíssimo Sangue.

— Sangue de Cristo, lavai-me.

— Paixão de Cristo, confortai-me.

— Do espírito maligno, defendei-me.

— Vinde, Espírito Santo, e enchei os corações dos Vossos fiéis e acendei neles o fogo de Vosso Amor.

— Ensinai-me, Senhor, a guardar os Vossos Mandamentos.

— Não sou digno de que entreis em minha alma.

— Meu Jesus, eu creio, adoro, espero e amo-Vos; peço-Vos perdão por todos os que não creem, não adoram, não esperam e não Vos amam.

— Sagrado Coração de Jesus, em Vós confio.

— Venha a nós o Vosso Reino.

— Jesus manso e humilde de coração, fazei o meu coração semelhante ao Vosso.

— Ó Maria concebida sem pecado, rogai por nós que recorremos a Vós e por todos os que a Vós não recorrem.

— São Miguel Arcanjo, defendei-nos neste combate.

— São José, rogai por nós.

Cruzada da caridade

SERENIDADE E AMOR UNIVERSAL

1. RESPEITA TODA PESSOA, PORQUE NELA VIVE CRISTO.

2. PENSA BEM DE TODOS, PROCURA VER O BEM TAMBÉM NAQUELE QUE TE PARECE PIOR OU MAU.

3. FALA SEMPRE BEM DE TODOS.

4. FALA COM TODOS A LINGUAGEM DO AMOR. NÃO SEJA MOTIVO DE DESGOSTOS.

5. PERDOA TUDO E A TODOS. JAMAIS GUARDES RANCOR.

6. AGE DE MANEIRA QUE AS TUAS AÇÕES FAVOREÇAM A TODOS.

7. PARTICIPA VIVAMENTE DA DOR ALHEIA.

8. TRABALHA COM DIGNIDADE PARA QUE TODOS GOZEM O FRUTO DO TEU TRABALHO.

9. SACRIFICA ALGO DO QUE POSSUES EM FAVOR DOS QUE NADA OU POUCO TÊM. SAIBAS DESCOBRIR AO TEU REDOR AQUELES QUE NECESSITAM DO TEU AUXÍLIO.

10. REZE POR TODOS, TAMBÉM PELOS INIMIGOS. NISTO CONHECERÃO QUE ÉS DISCÍPULO DE CRISTO.

SÓ POR HOJE

1 - Só por hoje tratarei de viver exclusivamente este meu dia, sem querer resolver o problema da minha vida, todo de uma vez.

2 - Só por hoje terei o máximo cuidado com o meu modo de tratar os outros: delicado nas minhas maneiras; não criticarei ninguém, não pretenderei melhorar nem disciplinar ninguém, senão a mim.

3 - Só por hoje me sentirei feliz com a certeza de ter sido criado para ser feliz neste e no outro mundo.

4 - Só por hoje me adaptarei às circunstâncias, sem pretender que as circunstâncias se adaptem todas aos meus desejos.

5 - Só por hoje dedicarei dez minutos do meu tempo a boa leitura, lembrando-me de que assim como é preciso comer para sustentar meu corpo, também a leitura é necessária para alimentar a vida da minha alma.

6 - Só por hoje praticarei uma boa ação, sem contá-la a ninguém.

7 - Só por hoje farei uma coisa de que não gosto e, se for ofendido nos meus sentimentos, procurarei que ninguém o saiba.

8 - Só por hoje farei uma programação bem completa do meu dia. Talvez não a execute perfeitamente, mas, em todo o caso, vou tentar fazê-la. E me guardarei bem de duas calamidades: a pressa e a indecisão.

9 - Só por hoje ficarei bem firme na fé de que a Divina Providência se ocupa de mim mesmo que as circunstâncias manifestem o contrário.

10 - Só por hoje não terei medo de nada. Em particular, não terei medo de gozar do que é belo e não terei medo de crer na bondade.

Durante doze horas de um dia, posso fazer bem o que me desanimaria se pensasse que teria de fazê-lo durante toda a minha vida.

Cantos a Nossa Senhora

A TREZE DE MAIO

A treze de maio, na cova da Iria,
nos céus aparece a Virgem Maria.
Ave, ave, ave, Maria
Ave, ave, ave, Maria...

A três pastorinhos cercada de luz
visita Maria, a Mãe de Jesus,
Ave, ave, ave, Maria...

Um susto tiveram ao verem tal luz,
mas logo a Senhora à paz os conduz.
Ave, ave, ave, Maria.,.

Então perguntaram que nome era o seu.
A Virgem lhes diz, que viera do céu.
Ave, ave, ave, Maria...

Vivamos sem mancha, cristãos sem labéu.
Que a Virgem nos guia a todos pro céu.
Ave, ave, ave, Maria...

À VOSSA PROTEÇÃO

À vossa proteção recorremos, Mãe de Deus.
Santa Maria, socorrei os pobres,
ajudai os fracos, consolai os tristes,
rogai pela Igreja, protegei o clero,
ajudai-nos todos, sede nossa salvação.

Santa Maria, sois a Mãe dos homens,
sois a Mãe de Cristo, que nos fez irmãos.
Rogai pela Igreja, pela humanidade,
e fazei que enfim tenhamos paz e
salvação.

SOCORREI-NOS, Ó MARIA

Socorrei-nos, ó Maria,
noite e dia sem cessar.
Os doentes e os aflitos
vinde, vinde consolar.

VOSSO OLHAR A NÓS VOLVEI,
VOSSOS FILHOS PROTEGEI!
Ó MARIA, Ó MARIA!
VOSSOS FILHOS SOCORREI!

Dai saúde ao corpo enfermo,
dai coragem na aflição,

Sede a nossa doce estrela
A brilhar na escuridão.

Que tenhamos, cada dia,
pão e paz em nosso lar;
e de Deus a santa graça
vos pedimos neste altar.

Convertei os pecadores,
para que voltem a Deus.
Dos transviados sede guia
no caminho para os céus.

Nas angústias e receios,
sede, ó Mãe, a nossa luz.
Dai-nos sempre fé e confiança
no amor do Bom Jesus.

ENSINA TEU POVO A REZAR

Ensina teu povo a rezar, Maria, Mãe de Jesus,
que um dia teu povo desperta
e na certa vai ver a luz;
que um dia teu povo se anima
e caminha com teu Jesus.

Maria de Jesus Cristo, Maria de Deus,
Maria Mulher,
ensina a teu povo o teu jeito de ser o
que Deus quiser.
Maria, Senhora nossa, Maria do povo,
povo de Deus,
ensina o teu jeito perfeito de sempre
escutar teu Deus.

CONHEÇA OUTROS TÍTULOS DESTA COLEÇÃO

Dev. e Nov. ao Espírito Santo
Dev. e Nov. ao Menino Jesus de Praga
Dev. e Nov. ao Pe. Pio, santo estigmatizado
Dev. e Nov. ao Santíssimo Sacramento
Dev. e Nov. às Almas
Dev. e Nov. missionária a Santa Teresinha
Dev. e Trez. a Santo Antônio
Jesus, Bom Pastor – Manual e Novena
Minha Primeira Eucaristia
Minutos reflexivos
Novena a Nossa Senhora do Monte Serrat
Orações de Sempre
Parábolas de Jesus Cristo
Via-Sacra

Edições Loyola

editoração impressão acabamento

rua 1822 nº 341
04216-000 são paulo sp
T 55 11 3385 8500/8501 • 2063 4275
www.loyola.com.br